Impressum
Verlag: BABADADA GmbH, Nedderfeld 112 , 22529 Hamburg
Geschäftsführer / Verlagsleitung: Harald Hof
Druck: Books on Demand GmbH, In de Tarpen 42, 22848 Norderstedt

Imprint
Publisher: BABADADA GmbH, Nedderfeld 112 , 22529 Hamburg, Germany
Managing Director / Publishing direction: Harald Hof
Print: Books on Demand GmbH, In de Tarpen 42, 22848 Norderstedt, Germany

klasseværelse
کمرہ جماعت

dividere
تقسیم کریں

186/2

tavle
بورڈ

skolegård
سکول کا صحن

lærer
استاد

skrive
لکھنا

papir
کاغذ

pen
قلم

skrivebord
میز

lineal
پیمانہ

bog
کتاب

elev
شاگرد

skoletaske

بستہ

penalhus

پینسل کیس

blyant

پینسل

blyantspidser

پینسل شارپنر

viskelæder

ربڑ

tegneblok

ڈرائنگ پیڈ

tegning

ڈرائنگ

pensel

پینٹ برش

æske med vandfarver

پینٹ باکس

saks

قینچی

lim

گوند

opgavehefte

مشق کی کاپی

lektie

ہوم ورک

12

tal

ہندسہ

2+2

addere

جمع کریں

5-2

subtrahere

منفی کریں

2×2

multiplicere

ضرب دیں

regne

شمارکریں

A

bogstav

خط

ABCDEFG
HIJKLMN
OPQRSTU
VWXYZ

alfabet

حروف تہجی

hello

ord

لفظ

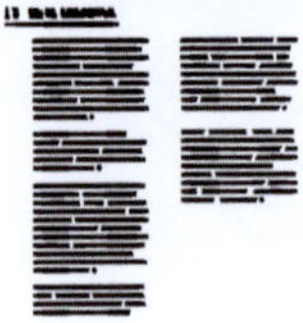

tekst

متن

læse

پڑھنا

kridt

چاک

time

سبق

klasseprotokol

اندراج

eksamen

امتحان

karakterbog

سند

skoleuniform

سکول یونیفارم

uddannelse

تعلیم

leksikon

انسائیکلوپیڈیا

universitet

یونیورسٹی

mikroskop

خورد بین

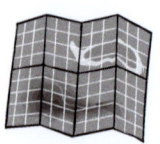

kort

نقشہ

papirkurv

ویسٹ پیپر باسکٹ

rejse

سفر

hotel
ہوٹل
herberg
ہاسٹل
vekselkontor
رقم تبدیل کرانے کیلئے دفتر
kuffert
سوٹ کیس
bil
کار

sprog

زبان

ja / nej

ہاں / نہیں

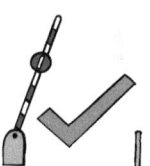

okay

ٹھیک ہے

hej

ہیلو

oversætter

مُترجم

tak

شُکریہ

hvad koster...?

کی کیا قیمت ہے؟ ---

Jeg forstår ikke

میں نہیں سمجھتا

problem

مشکل

God aften!

شام بخیر!

God morgen!

صبح بخیر!

God nat!

شب بخیر!

farvel

الوداع

retning

سمت

bagage

سفری سامان

taske

بیگ

rygsæk

بیگ پیک

gæst

مہمان

værelse

کمرہ

sovepose

سلیپنگ بیگ

telt

ٹینٹ

turistinformation

سياحوں کے لئے معلومات

strand

ساحل

kreditkort

کریڈٹ کارڈ

morgenmad

ناشتہ

middagsmad

لنچ

aftensmad

ڈنر

billet

ٹکٹ

elevator

لفٹ

frimærke

مُہر

grænse

سرحد

told

کسٹمز

ambassade

سفارت خانہ

visum

ویزا

pas

پاسپورٹ

transport
نقل وحمل

flyvemaskine
ہوائی جہاز
skib
سمندری جہاز
brandbil
آگ بُجھانےوالی گاڑی
lastbil
ٹرک
bus
بس
motorbåd
موٹربوٹ
cykel
سائیکل
bil
کار

færge
فیری

båd
کشتی

motorcykel
موٹرسائیکل

politibil
پولیس کار

racerbil
ریسنگ کار

lejebil
کرایہ پرکار

samkørsel

کارکا اشتراک کرنا

kranbil

کھینچنےوالا ٹرک

skraldebil

کوڑے والا ٹرک

motor

کار

benzin

ایندھن

tankstation

پٹرول اسٹیشن

trafikskilt

ٹریفک کےنشانات

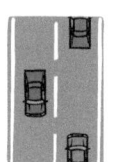

trafik

ٹریفک

trafikprop

ٹریفک جام

parkeringsplads

کارپارک

banegård

ٹرین اسٹیشن

skinner

پٹڑیاں

tog

ٹرین

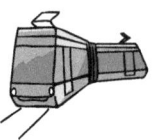

sporvogn

ٹرام

wagon

ویگن

helikopter

ہیلی کاپٹر

lufthavn

ائرپورٹ

tårn

ٹاور

passager

مسافر

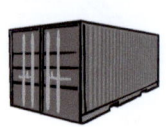

container

کنٹینر

karton

ڈبہ

kærre

ریڑھا

kurv

ٹوکری

starte / lande

اُڑان بھرنا / زمین پراُترنا

by

شہر

landsby

گاؤں

bymidte

سٹی سنٹر

hus

مکان

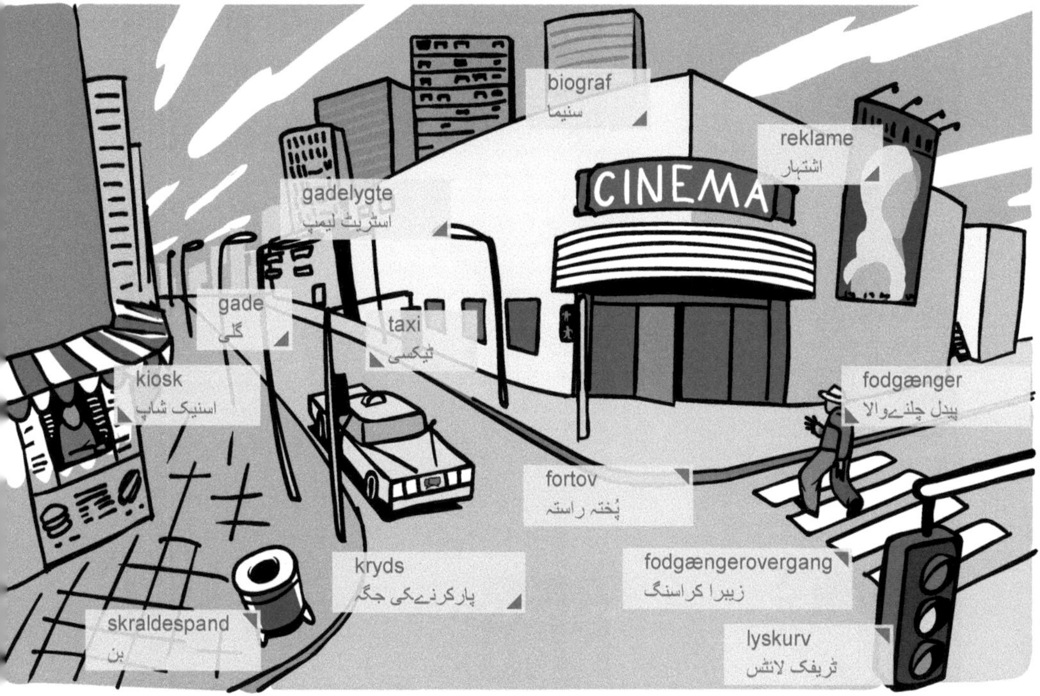

biograf
reklame
اشتہار
CINEMA
gadelygte
اسٹریٹ لیمپ
gade
گلی
taxi
ٹیکسی
kiosk
اسنیک شاپ
fodgænger
پیدل چلنےوالا
fortov
پُختہ راستہ
kryds
پارکرنےکی جگہ
fodgængerovergang
زیبرا کراسنگ
skraldespand
بن
lyskurv
ٹریفک لائٹس

hytte

....

ہٹ

lejlighed

....

فلیٹ

banegård

....

ٹرین اسٹیشن

rådhus

....

ٹاؤن ہال

museum

....

عجائب گھر

skole

....

اسکول

universitet

یونیورسٹی

bank

بینک

sygehus

ہسپتال

hotel

ہوٹل

apotek

فارمیسی

kontor

دفتر

boghandel

کتابوں کی دکان

butik

دکان

blomsterbutik

پھولوں کی دُکان

supermarked

سُپرمارکیٹ

marked

مارکیٹ

stormagasin

ڈیپارٹمنٹ سٹور

fiskehandler

مچھلی کی دُکان

butikscenter

شاپنگ سنٹر

havn

بندرگاہ

park

پارک

bænk

بنچ

bro

پُل

trappe

سیڑھیاں

undergrundsbane

انڈرگراؤنڈ

tunnel

سرُنگ

busstoppested

بس اسٹاپ

barnevogn

شراب خانہ

restaurant

ریسٹورنٹ

postkasse

پوسٹ باکس

vejskilt

اسٹریٹ سائن

parkometer

پارکنگ میٹر

zoo

چڑیا گھر

badeanstalt

سوئمنگ پول

moske

مسجد

bondegård

کھیت

miljøforurening

آلودگی

kirkegård

قبرستان

kirke

چرچ

legeplads

کھیل کا میدان

tempel

مندر

landskab

منظر

blad
پتہ

vejviser
رہنمائی کے لئے لگا ہوا بورڈ

vej
راستہ

eng
سبزہ زار

sten
پتھر

træ
درخت

vandrer
پیدل چلنے والا، ہائیکر

flod
دریا

græs
گھاس

blomst
پھول

dal

وادی

bjerg

پہاڑی

sø

جھیل

skov

جنگل

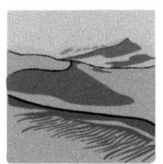

ørken

صحرا

vulkan

آتش فشاں

slot

قلعہ

regnbue

قوس قزح

svamp

کھمبی

palme

کجھورکا درخت

moskito

مچھر

flue

مکھی

myre

چیونٹی

bi

مکھی

edderkop

مکڑا

bille

بھونرا

frø

مینڈک

egern

گلہری

pindsvin

خارپُشت

hare

خرگوش

ugle

اُلو

fugl

پرندہ

svane

راج ہنس

vildsvin

سؤر

hjort

ہرن

elg

امریکی بارہ سنگھا

dæmning

ڈیم

vindmølle

ہوا سے چلنے والی ٹربائین

solcellemodul

سولر پینل

klima

آب وہوا

restaurant
ریسٹورنٹ

tjener
ویٹر
spisekort
مینیو
stol
کُرسی
suppe
سوپ
pizza
پیزا
bestik
کٹلری
borddug
ٹیبل کلاتھ

forret
....
اسٹارٹر

hovedret
....
مین کورس

dessert
....
ڈیزرٹ

drikkevarer
....
مشروبات

mad
....
کھانے کی اشیاء

flaske
....
بوتل

fastfood

فاسٹ فوڈ

streetfood

اسٹریٹ فوڈ

tekande

چائےدانی

sukkerdåse

شوگرباکس

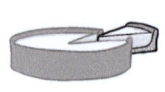

portion

حصہ

espressomaskine

ایسپریسو مشین

barnestol

اونچی کُرسی

faktura

بل

tablet

ٹرے

kniv

چھُری

gaffel

کانٹا

ske

چمچ

teske

چائےکا چمچ

serviet

سرویئیٹی

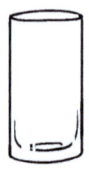

glas

شیشہ

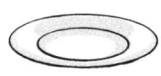

tallerken

پلیٹ

dyb tallerken

سوپ پلیٹ

underkop

طشتری

sovs

چٹنی

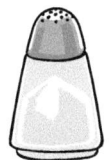

saltbøsse

سالٹ شیکر

peberkværn

پیپرمل

eddike

سرکہ

olie

خوردنی تیل

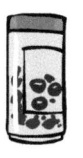

krydderier

مصالحے

ketchup

کیچپ

sennep

سرسوں

mayonnaise

میئونیز

supermarked

سُپرمارکیٹ

tilbud
خصوصی پیشکش
FOR
kunde
گاہک
mælkeprodukter
ڈیری
frugt
پھل
indkøbsvogn
ٹرالی

slagter

گوشت کی دُکان

bageri

بیکری

veje

وزن کرنا

grøntsager

سبزیاں

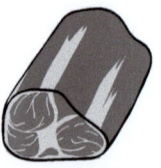

kød

گوشت

frostvarer

جما ہوا کھانا

pålæg

کولڈ کٹس

konserves

ڈبے میں بند کھانا

vaskemiddel

واشنگ پاؤڈر

slik

مٹھائیاں

husholdningsvarer

گھریلو مصنوعات

rengøringsmidler

صاف کرنے کیلئے مصنوعات

ekspedient

سیلز پرسن

kasse

کیش رجسٹر

kasserer

کیشئیر

indkøbsliste

خریداری کی فہرست

åbningstider

اوقات کار

tegnebog

بٹوہ

kreditkort

کریڈٹ کارڈ

taske

تھیلا

plasticpose

پلاسٹک کے تھیلے

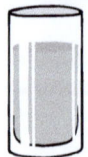

drikkevarer

مشروبات

vand

پانی

saft

جوس، رس

mælk

دودھ

cola

کوک

vin

وائن

øl

بیئر

alkohol

الکوحل

kakao

کوکوآ

te

چائے

kaffe

کافی

espresso

ایسپریسو

cappuccino

کیپاچینو

banan

کیلا

æble

سیب

appelsin

مالٹا

melon

خربوزہ

citron

لیموں

gulerod

گاجر

hvidløg

لہسن

bambus

بانس

løg

پیاز

svamp

کھُمبی

nødder

اخروٹ، بادام وغیرہ

nudler

نوڈلز

spaghetti

اسپیگیٹی

ris

چاول

salat

سلاد

pomfritter

چپس

stegte kartofler

تلے گئے آلو

pizza

پیزا

hamburger

ہیم برگر

sandwich

سینڈوچ

schnitzel

کٹلیٹ

skinke

سؤرکی ران کا گوشت

salami

گوشت کی اطالوی ساسیج

pølse

ساسیج

kylling

مُرغی

steg

روسٹ

fisk

مچھلی

havregryn

جئی کا دلیہ

mysli

میوزلی

cornflakes

کارن فلیکس

mel

آٹا

croissant

کروئیسنٹ

rundstykke

بریڈ رول

brød

بریڈ

toast

ٹوسٹ

kiks

بسکٹ

smør

مکھن

kvark

دہی

kage

کیک

æg

انڈا

spejlæg

فرائی کیا گیا انڈہ

ost

پنیر

is

آئس کریم

sukker

چینی

honning

شہد

marmelade

جام

nougat-creme

ناؤگٹ کریم

karry

سالن

bondegård

کھیت

bondehus
فارم ہاؤس
skur
کھلیان
halmballer
تنکوں کی گانٹھ
mark
hest
گھوڑا
anhænger
ٹریلر
traktor
ٹریکٹر
føl
گھوڑے کا بچہ
æsel
گدھا
får
بھیڑ
lam
میمنہ

ged

بکری

ko

گائے

kalv

بچھڑا

svin

سؤر

gris

سؤر کا بچہ

tyr

سانڈ

gås

راج ہنس

and

بطخ

kylling

چوزہ

høne

مُرغی

hane

مُرغا

rotte

چوہا

kat

بلی

mus

چوہا

okse

بیلچہ

hund

کتّا

hundehus

کتّے کا گھر

haveslange

گارڈن ہاؤس

vandkande

پانی کا کین

le

درانتی

plov

ہل

segl

درانتی

hakkejern

بیلچہ

møggreb

ترنگل

økse

کلہاڑا

trillebør

ہتہ گاڑی

trug

حوض

mælkekande

دودھ کا کین

sæk

تھیلا

hæk

باڑ

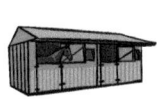

stald

اصطبل

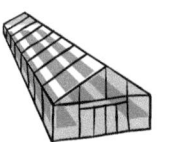

drivhus

گرین ہاؤس

jord

مٹی

frø

بیج

gødning

فرٹیلائیزر

mejetærsker

کمبائن ہارویسٹر

høste

فصل کاٹنا

høst

فصل کاٹنا

yams

افریقی آلو

hvede

گندم

soja

سویا

kartoffel

آلو

majs

مکئی

raps

توریا کا تیل

frugttræ

پھلدار درخت

maniok

کساوا

korn

دلیہ

hus

مکان

skorsten
چمنی
tag
چھت
tagrende
نیچےجانےوالا پائپ
vindue
کھڑکی
garage
گیراج
dørklokke
دروازےکی گھنٹی
dør
دروازہ
skraldespand
کوڑےکی ٹوکری
postkasse
لیٹرباکس
have
گارڈن

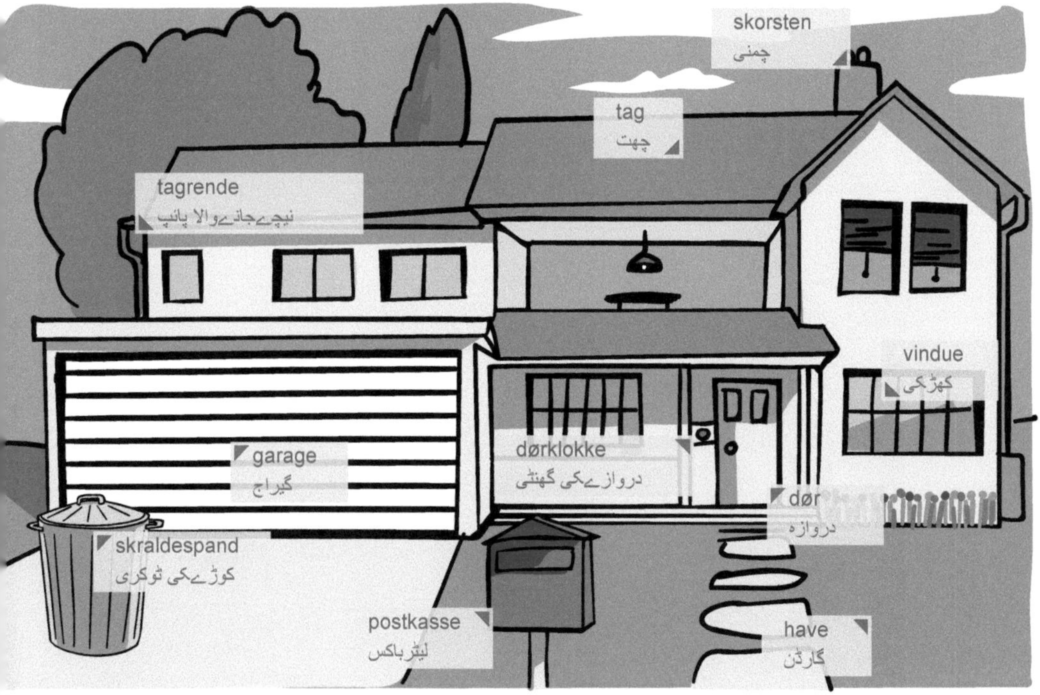

stue
لوونگ روم

badeværelse
غُسل خانہ

køkken
باورچی خانہ

soveværelse
بیڈروم

børneværelse
بچوں کا کمرہ

spisestue
کھانےکا کمرہ

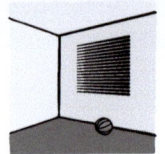

gulv

فرش

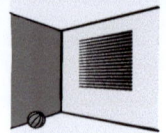

væg

دیوار

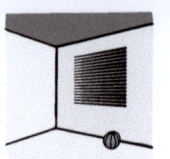

loft

چھت

kælder

تہ خانہ

sauna

سوانا

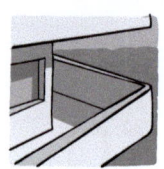

altan

بالکونی

terrasse

ٹیریس

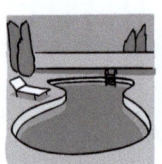

svømmehal

پول

plæneklipper

گھاس کاٹنےکی مشین

dynebetræk

چادر

dyne

چادر

seng

بستر

kost

جھاڑو

spand

بالٹی

kontakt

سوئچ

stue

لوونگ روم

tapet
وال پیپر
billede
تصویر
lampe
لیمپ
reol
شیلف
skab
الماری
fjernsyn
ٹیلی ویژن
pejs
آتش دان
blomst
پھول
pude
کُشن
sofa
صوفہ
vase
گلدان
fjernbetjening
ریموٹ کنٹرول

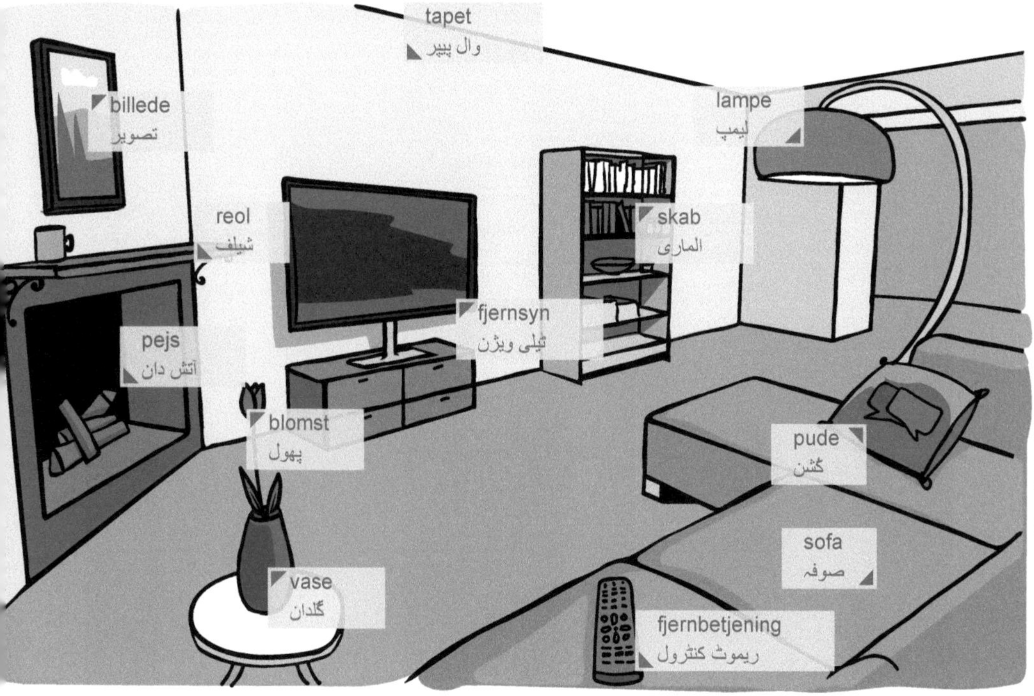

gulvtæppe

قالین

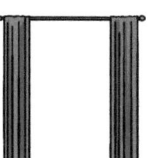

gardin

پردے

bord

میز

stol

کُرسی

gyngestol

ہلنے والی کُرسی

lænestol

آرام کُرسی

bog

كتاب

tæppe

كمبل

dekoration

آرائش

brænde

جلانے کی لکڑی

film

فلم

stereoanlæg

ہائی فائی

nøgle

چابی

avis

اخبار

maleri

پینٹنگ

plakat

پوسٹر

radio

ریڈیو

notesblok

نوٹ بُک

støvsuger

ویکیوم کلینر

kaktus

کیکٹس

lys

موم بتی

køkken
باورچی خانہ

køleskab
فرج
mikrobølgeovn
مائیکرویواوون
køkkenvægt
کچن اسکیل
brødrister
ٹوسٹر
rengøringsmiddel
کپڑےدھونےکا پاؤڈر
bageovn
چولہا
fryserum
فریزر
skraldespand
کوڑےکی ٹوکری
opvaskemaskine
ڈش واشر

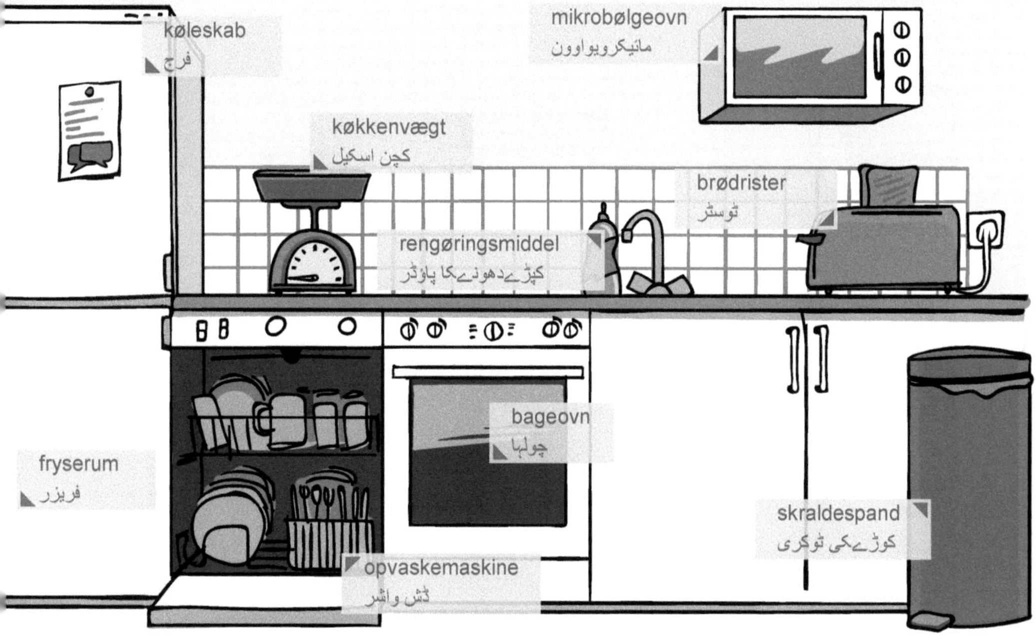

komfur
ککر

gryde
برتن

jerngryde
لوہےکا برتن

wok / kadai
کڑاہی

pande
برتن

elkedel
کیتلی

dampkoger

اسٹیمر

bageplade

بیکنگ ٹرے

service

کراکری

bæger

مگ

skål

پیالہ

spisepinde

چاپ اسٹکس

øseske

ڈوئی

paletkniv

کفچہ

piskeris

جھاڑودینا

dørslag

مقطر

si

چھلنی

rive

گریٹر

morter

کونڈی

grille

باربی کیو

ildsted

کھُلی آگ

skærebræt

....

چاپنگ بورڈ

kagerulle

....

بیلن

proptrækker

....

کارک اسکریو

dåse

....

کین

dåseåbner

....

کین اوپنر

grydelap

....

برتن پکڑنےوالا کپڑا

køkkenvask

....

سنک

børste

....

برش

svamp

....

اسپونج

blender

....

بلینڈر

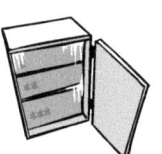

dybfryser

....

ڈیپ فریز

sutteflaske

....

بچےکی بوتل

vandhane

....

ٹونٹی

badeværelse

غسل خانہ

brusebad
شاور
radiator
håndklæde
تولیہ
bruserforhæng
شاور کرٹن
skumbad
ببل باتھ
badekar
باتھ ٹب
glas
vaskemaskine
واشنگ مشین
vandhane
fliser
ٹائلیں
tissepotte
پاٹی
køkkenvask
سنک

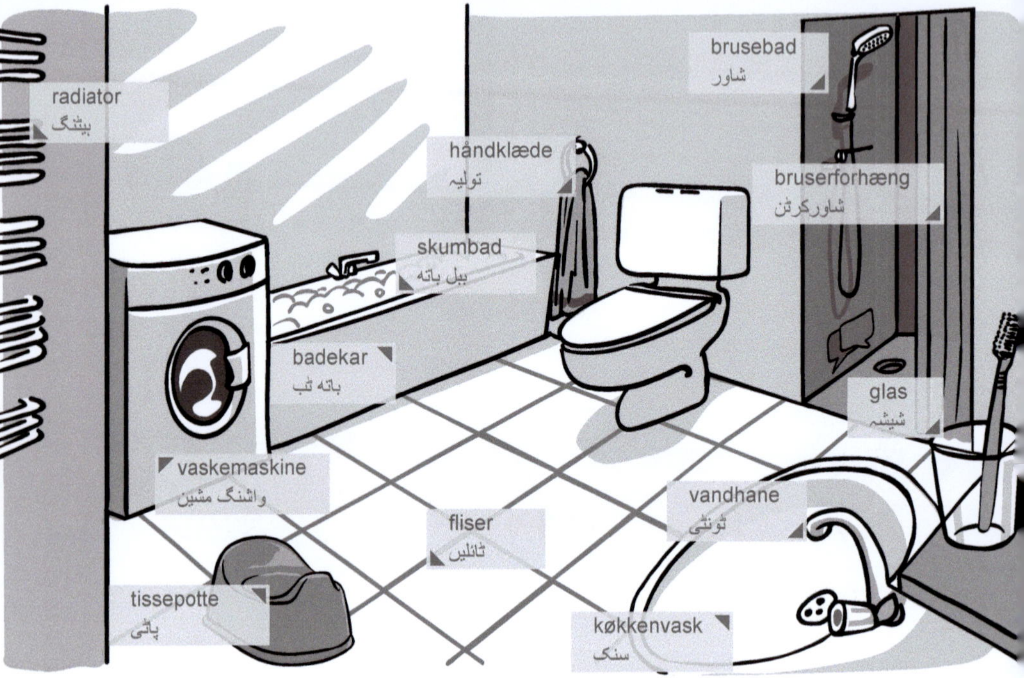

toilet

ٹائلٹ

hugsiddende toilet

دوزانوں بیٹھنے والی ٹائلٹ

bidet

نچلا حصہ دھونے کیلئے پاٹ

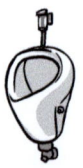

pissoir

پیشاب گاہ

toiletpapir

ٹائلٹ پیپر

toiletbørste

ٹائلٹ برش

tandbørste

ٹوتھ برش

tandpasta

ٹوتھ پیسٹ

tandtråd

ڈینٹل فلاس

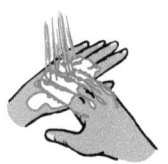

vaske

دھونا

håndbruser

ہینڈ شاور

intimbruser

شاور

vaskefad

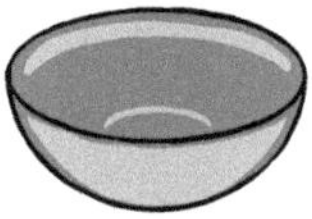

بیسن

badebørste

بیک برش

sæbe

صابن

brusegele

شاورجل

shampoo

شیمپو

vaskeklud

فلالین

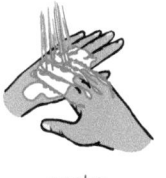

afløb

ڈرین

creme

کریم

deodorant

ڈیوڈورنٹ

spejl

آئینہ

kosmetikspejl

ہاتھ میں پکڑا جانے والا آئینہ

barberhøvl

ریزر

barberskum

شیونگ فوم

barbervand

آفٹر شیو

kam

کنگھی

børste

برش

hårtørrer

ہیئر ڈرائر

hårspray

ہیئر اسپرے

makeup

میک اپ

læbestift

لپ اسٹک

neglelak

نیل وارنش

vat

روئی

neglesaks

ناخن کاٹنے کی قینچی

parfume

پرفیوم

toilettaske

واش بیگ

skammel

پاخانہ

vægt

وزن کرنے کی مشین

badekåbe

باتھ روب

gummihandsker

ربڑ کے دستانے

tampon

ٹیمپون

damebind

سینیٹری ٹاول

kemisk toilet

کیمیکل ٹائلٹ

børneværelse

بچوں کا کمره

vækkeur
الارم کلاک
bamse
کڈلی ٹوائے
legetøjsbil
کھلونا کار
skralde
جُھنجھنا
dukkehus
گڑیا گھر
gave
موجود

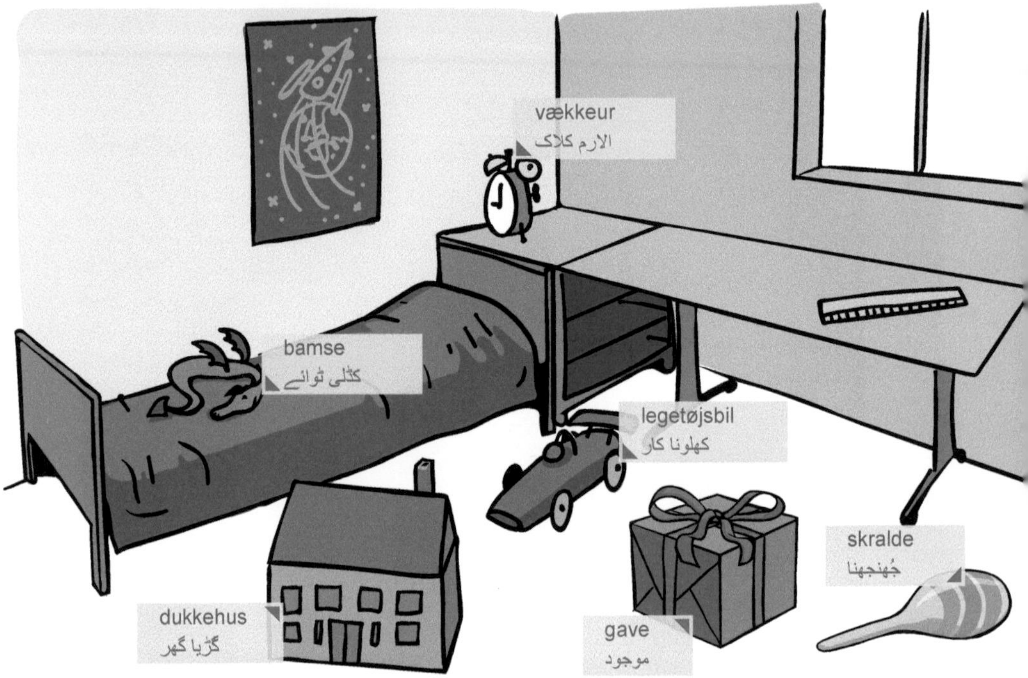

ballon
غباره

seng
بستر

barnevogn
پرام

kortspil
ڈیک آف کارڈز

puslespil
جگسا

tegneserie
کامک

legoklodser

لیگوبرکس

byggeklodser

کھلونا بلاکس

action figur

ایکشن فگر

sparkedragt

بچےکا لباس

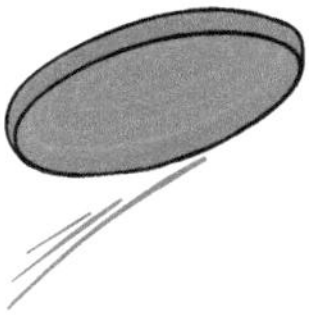

frisbee

فرسبی

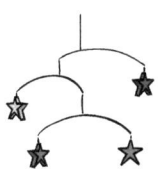

uro

کھلونا موبائل

brætspil

بورڈ گیم

terning

ڈائس

modeljernbane

ماڈل ٹرین سیٹ

sut

ڈمی

fest

پارٹی

billedbog

تصاویروالی کتاب

bold

گیند

dukke

گڑیا

lege

کھیلنا

sandkasse

سینڈ پٹ

gynge

جھولا جھولنا

legetøj

کھلونے

spillekonsol

وڈیوگیم کنسول

trehjulet cykel

تین پہیوں والی سائیکل

bamse

ٹیڈی بیئر

klædeskab

کپڑوں کی الماری

tøj

لباس

sokker

موزے

strømper

اسٹاکنگز

strømpebukser

ٹائٹس

sjal
اسکارف

paraply
چھتری

T-shirt
ٹی شرٹ

bælte
بیلٹ

støvler
بوٹ

hjemmesko
سلیپر

sneakers
اسنیکرز

sandaler
سینڈل

sko
جوتے

gummistøvler
ربڑکےبوٹس

underbukser
زیرجامہ

BH
بریزئیر

undertrøje
واسکٹ

body

جسم

bukser

پتلون

jeans

جینز

nederdel

اسکرٹ

bluse

بلاؤز

skjorte

قمیض

pullover

پُل اوور

sweatshirt

سویٹر

blazer

بلیزر

jakke

جیکٹ

frakke

کوٹ

regnfrakke

رین کوٹ

kostume

کوئی خاص لباس

kjole

لباس

brudekjole

شادی کا لباس

jakkesæt

سوٹ

nattrøje

نائٹ گاؤن

pyjamas

پائجامہ

sari

ساڑھی

hovedtørklæde

سرپرلیا جانےوالا اسکارف

turban

پگڑی

burka

بُرقع

kaftan

کفتان

abaya

عبایہ

badedragt

تیراکی کا سوٹ

badebukser

ٹرنک

korte bukser

نیکر

træningsdragt

ٹریک سوٹ

forklæde

اپرن

handsker

دستانے

knap

بٹن

briller

عینک

armbånd

کنگن

kæde

ہار

ring

انگوٹھی

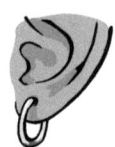

ørering

کانوں کی بالیاں

hue

ٹوپی

bøjle

کوٹ ہینگر

hat

ہیٹ

slips

ٹائی

lynlås

زپ

hjelm

ہیلمٹ

seler

بریسز

skoleuniform

سکول یونیفارم

uniform

وردی

hagesmæk

بب

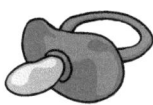

sut

ڈمی

ble

نیپی

kontor

دفتر

server

سرور

arkivskab

فائلوں کی الماری

printer

پرنٹر

papir

کاغذ

skærm

مانیٹر

mus

ماؤس

skrivebord

میز

mappe

فولڈر

tastatur

کی بورڈ

papirkurv

ویسٹ پیپر باسکٹ

stol

کرسی

computer

کمپیوٹر

kaffekrus

کافی مگ

lommeregner

کیلکولیٹر

internet

انٹرنیٹ

bærbar

ليپ ٹاپ

brev

خط

besked

پیغام

mobil

موبائل

netværk

نیٹ ورک

kopimaskine

فوٹوکاپئیر

software

سافٹ ویئر

telefon

ٹیلی فون

stikdåse

پلگ ساکٹ

fax

فیکس مشین

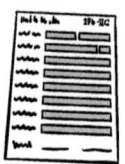

formular

فارم

dokument

دستاویز

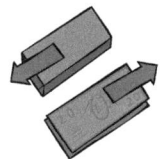

købe

خریدنا

betale

ادائیگی کرنا

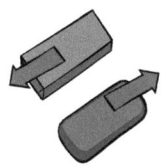

handle

تجارت کرنا

penge

رقم

dollar

ڈالر

euro

یورو

yen

ین

rubel

روبل

schweizerfranc

سوئس فرانک

renminbi yuan

رینمنیبی یوآن

rupee

روپیہ

hæveautomat

کیش پوائنٹ

vekselkontor

رقم تبدیل کرانے کیلئے دفتر

guld

سونا

sølv

چاندی

olie

خام تیل

energi

توانائی

pris

قیمت

kontrakt

معاہدہ

skat

ٹیکس

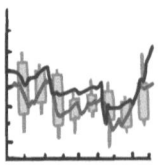

aktie

اسٹاک

arbejde

کام کرنا

ansat

ملازم

arbejdsgiver

آجر

fabrik

فیکٹری

butik

دکان

erhverv

پیشے

politimand
پولیس افسر
brandmand
فائرمین
kok
خانساماں، کُک
læge
ڈاکٹر
pilot
پائلٹ

gartner

مالی

tømrer

ترکھان

syerske

درزن

dommer

جج

kemiker

کیمسٹ

skuespiller

اداکار

buschauffør

بس ڈرائیور

taxachauffør

ٹیکسی ڈرائیور

fisker

مچھیرا

rengøringskone

صفائی کرنےوالی عورت

tagdækker

چھت بنانےوالا

tjener

ویٹر

jæger

شکاری

maler

پینٹر

bager

بیکر

elektriker

الیکٹریشین

bygningsarbejder

بلڈر

ingeniør

انجینئیر

slagter

قصائی

vvs-mand

پلمبر

postbud

ڈاکیا

soldat

سپاہی

arkitekt

آرکیٹیکٹ

kasserer

کیشئیر

blomsterhandler

پھول بیچنے والا

frisør

نائی

togfører

کنڈکٹر

mekaniker

مکینک

kaptajn

کپتان

tandlæge

ڈینٹسٹ

videnskabsmand

سائنسدان

rabbiner

یہودی عالم

imam

امام

munk

راہب

præst

پادری

værktøj
اوزار

tang
پلائرز
hammer
ہتھوڑا
skruedrejer
پیچ کس
lommelygte
ٹارچ
skruenøgle
رینچ

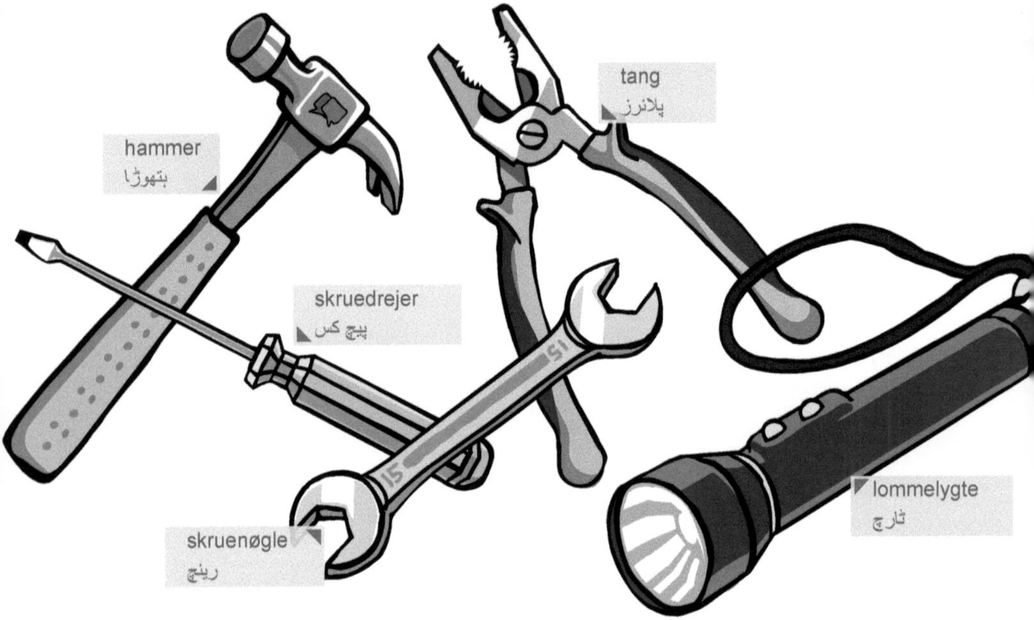

gravemaskine
ایکسکویٹر

værktøjskasse
ٹول باکس

stige
سیڑھی

sav
آری

søm
کیل

bor
ڈرل

reparere

مرمت کرنا

skovl

بیلچہ

Lort!

لعنت ہو!

fejebakke

ڈسٹ پین

malerspand

پینٹ پاٹ

skruer

پیچ

musikinstrumenter

آلات موسیقی

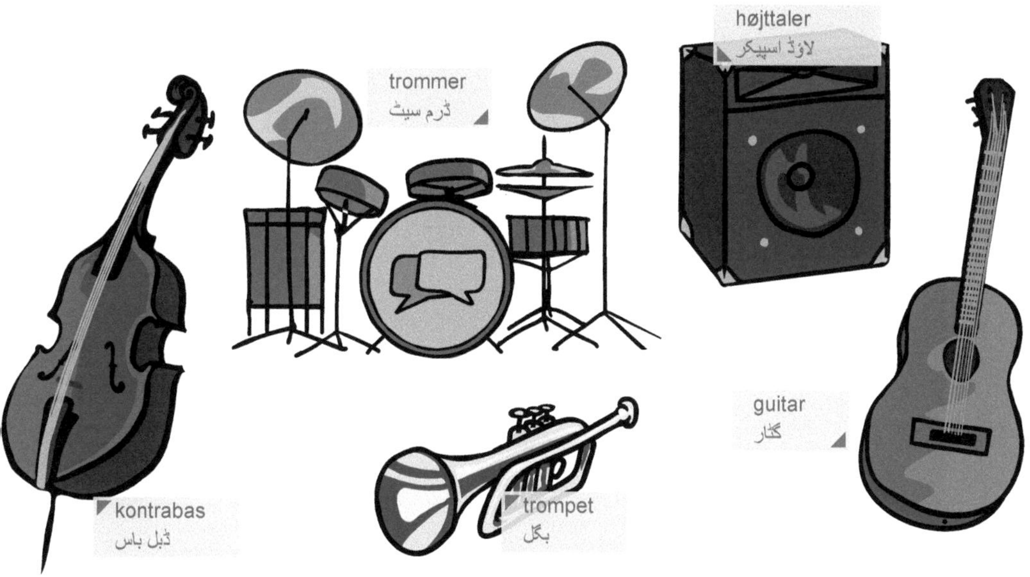

højttaler
لاؤڈ اسپیکر
trommer
ڈرم سیٹ
guitar
گٹار
kontrabas
ڈبل باس
trompet
بگل

klaver

پیانو

violin

وائلن

bas

موسیقی کی آواز

pauke

ٹمپانی

tromme

ڈھول، ڈرمز

keyboard

کی بورڈ

saxofon

سیکسوفون

fløjte

بانسری

mikrofon

مائیکروفون

ZOO
چڑیا گھر

indgang
داخلے کا راستہ
tiger
چیتا
bur
پنجرہ
zebra
زیبرا
dyrefoder
جانوروں کا چارہ
panda
پانڈا

dyr

جانور

elefant

ہاتھی

kænguru

کینگرو

næsehorn

گینڈا

gorilla

گوریلا

bjørn

ریچھ

kamel

اونٹ

struds

شُترمُرغ

løve

شیر

abe

بندر

flamingo

فلیمنگو

papegøje

طوطا

isbjørn

قطبی ریچھ

pingvin

کبوتر

haj

شارک

påfugl

مور

slange

سانپ

krokodille

مگرمچھ

dyrepasser

چڑیا گھر کا محافظ

sæl

سیل

jaguar

امریکی تیندوا

zoo - چڑیا گھر

pony

ٹٹو

leopard

چیتا

flodhest

دریائی گھوڑا

giraf

زرافہ

ørn

عقاب

vildsvin

سؤر

fisk

مچھلی

skildpadde

کچھوا

hvalros

سمندری گھوڑا

ræv

لومڑی

gazelle

غزال ہرن

sport
کھیلیں

amerikansk football
امریکن فٹ بال
cykling
سائیکلنگ
tennis
ٹینس
basketball
باسکٹ بال
svømning
پیراکی
boksning
باکسنگ
ishockey
آئس باکی

fodbold

فٹ بال

badminton

بیڈمنٹن

atletik

اتھلیٹکس

håndbold

ہینڈ بال

skiløb

اسکیئنگ

polo

پولو

aktiviteter

سرگرمیاں

pringe
چھلانگ لگا
give et knus
گلے لگانا
grine
ہنسنا
gå
چلنا
synge
گانا
drømme
خواب دیکھنا
bede
دُعا کرنا
kysse
چُومنا

skrive

لکھنا

tegne

تصویرکشی کرنا

vise

دکھانا

skubbe

آگے کی طرف دھکیلنا

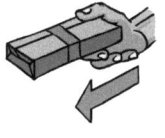

give

دینا

tage

لینا

have

رکھنا

gøre

کرنا

være

ہونا

stå

کھڑا ہونا

løbe

دوڑنا

trække

کھینچنا

kaste

پھینکنا

falde

گرنا

ligge

جھوٹ بولنا

vente

انتظار کرنا

bære

اُٹھانا

sidde

بیٹھنا

tage på

ملبوس ہونا

sove

سونا

vågne

جاگنا

se på

دیکھنا

græde

رونا

ae

چوٹ لگانا

kæmme

کنگھی کرنا

tale

بات کرنا

forstå

سمجھنا

spørge

پوچھنا

høre

مُتوجہ ہونا

drikke

پینا

spise

کھانا

rydde op

صاف کرنا

elske

پیارکرنا

koge

پکانا

køre

گاڑی چلانا

flyve

اُڑنا

sejle

بحری سفرکرنا

regne

شمارکریں

læse

پڑھنا

lære

سیکھنا

arbejde

کام کرنا

gifte sig med

شادی کرنا

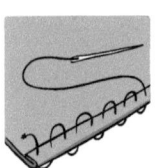

sy

سینا

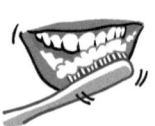

børste tænder

دانت صاف کرنا

dræbe

جان سےماردینا

ryge

تمباکونوشی کرنا

sende

بھیجنا

familie
خاندان

bedstemor
دادی
bedstefar
دادا
far
باپ
mor
baby
طفل
datter
بیٹی
بیٹا

gæst

مہمان

tante

چچی

onkel

چچا

bror

بھائی

søster

بہن

krop

جسم

pande
ماتھا
øje
آنکھ
skulder
کندھا
finger
انگلی
ansigt
چہرہ
hage
ٹھوڑی
hånd
ہاتھ
ben
ٹانگ
bryst
چھاتی
arm
بازو

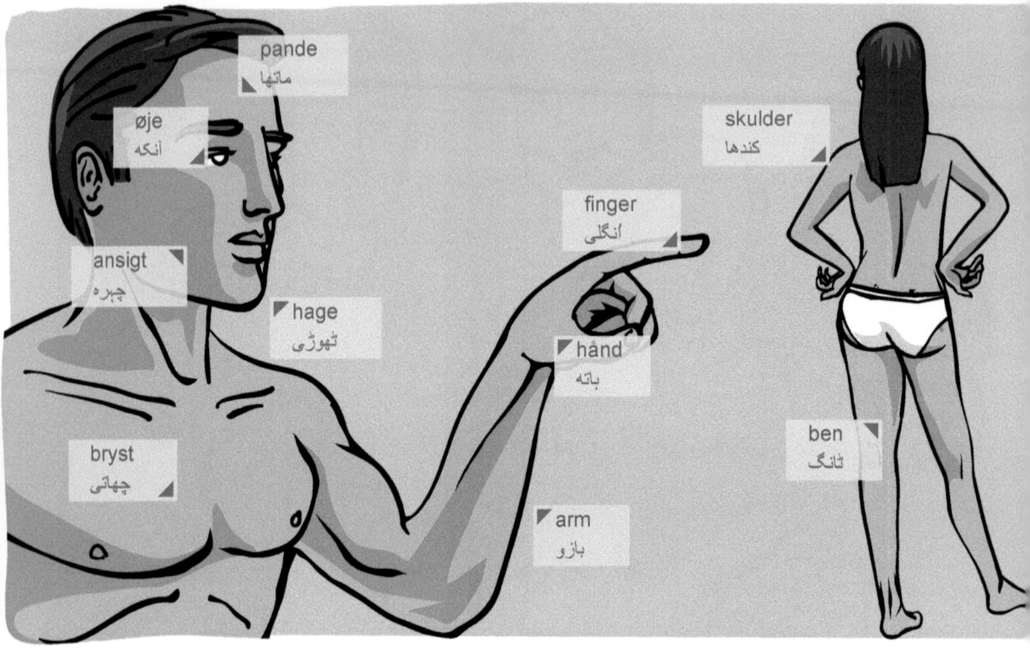

baby

طفل

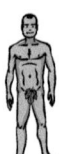

mand

آدمی

kvinde

عورت

pige

لڑکی

dreng

لڑکا

hoved

سر

ryg

کمر

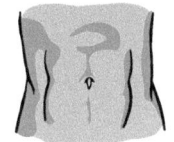

mave

پیٹ

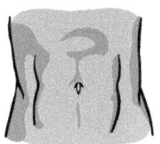

navle

ناف

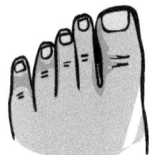

tå

پاؤں کا انگوٹھا

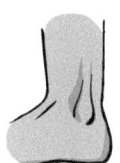

hæl

ایڑھی

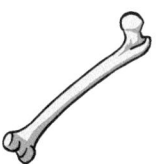

knogle

ہڈی

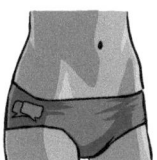

hofte

کولہا

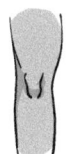

knæ

گھٹنا

albue

کہنی

næse

ناک

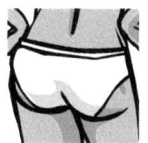

bagdel

نچلا حصہ

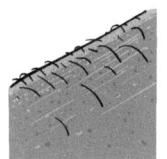

hud

جلد

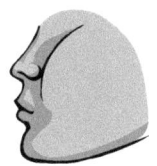

kind

گال

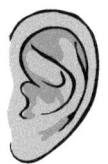

øre

کار

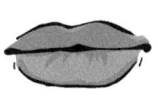

læbe

ہونٹ

mund

مُنہ

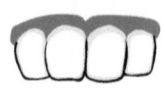

tand

دانت

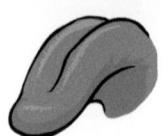

tunge

زُبان

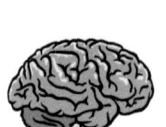

hjerne

دماغ

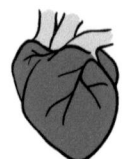

hjerte

دل

muskel

پٹھہ

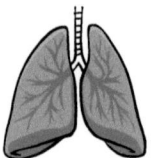

lunge

پھیپھڑا

lever

جگر

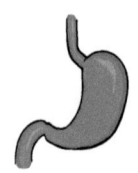

mavesæk

معدہ

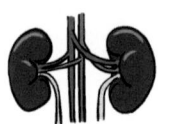

nyrer

گردے

sex

جنس

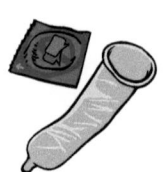

kondom

کنڈوم

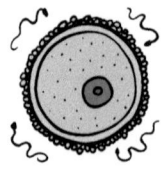

ægcelle

بیضہ

sperm

ماده منویہ

svangerskab

حمل

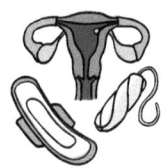

menstruation

حیض

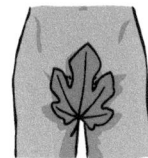

vagina

اندام نهانی

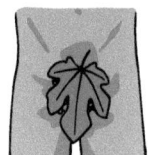

penis

عضوتناسل

øjenbryn

بهنویں

hår

بال

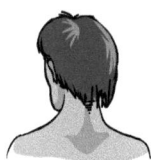

hals

گردن

sygehus
ہسپتال

ambulance
ایمبولینس
kørestol
وہیل چیئر
brud
ہڈی ٹوٹنا

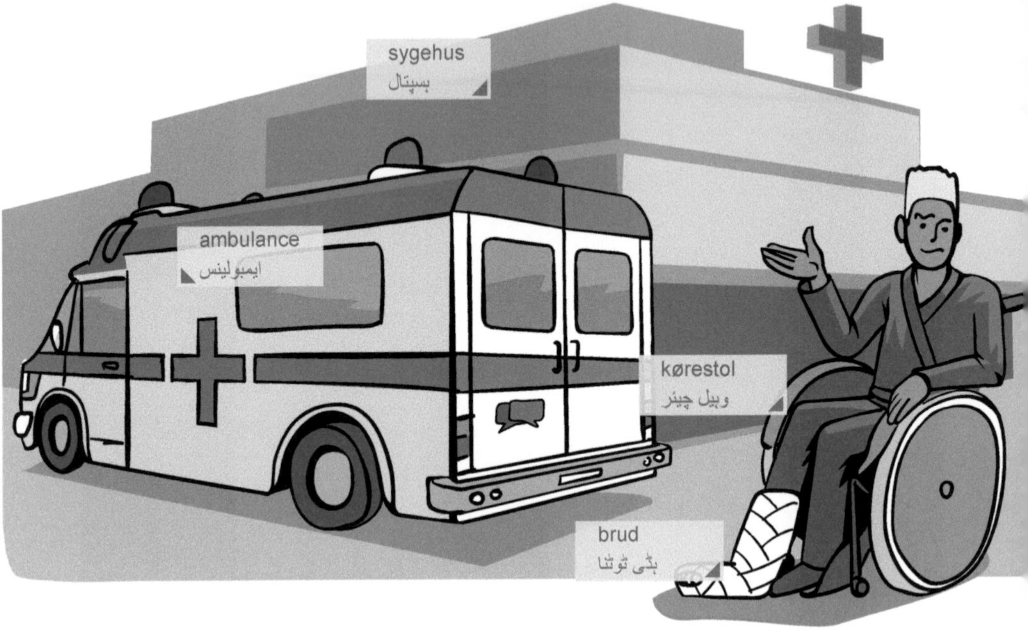

lægge
ڈاکٹر

akutmodtagelse
ہنگامی کمرہ

sygeplejerske
نرس

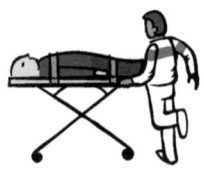

nødstilfælde
ہنگامی صورتحال

bevidstløs
بےہوش

smerte
درد

skade

زخم

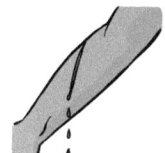

blødning

خون بہنا

hjerteinfarkt

دل کا دورہ

slagtilfælde

فالج

allergi

الرجی

hoste

کھانسی

feber

بخار

influenza

زکام

diarré

اسہال

hovedpine

سردرد

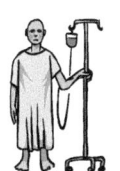

kræft

کینسر

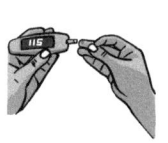

diabetes

ذیابیطس

kirurg

سرجن

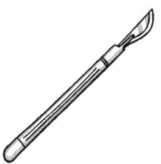

skalpel

نشتر

operation

آپریشن

CT

سی ٹی

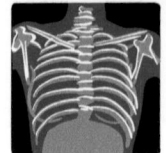

røntgen

ایکس رے

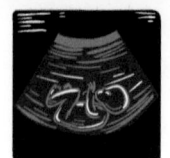

ultralyd

الٹراساؤنڈ

maske

چہرے کا نقاب

sygdom

بیماری

venteværelse

انتظارگاہ

krykke

بیساکھی

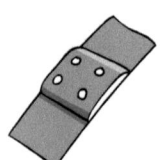

plaster

پلاسٹر

forbinding

پٹی

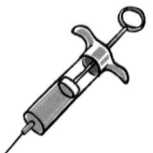

injektion

انجکشن

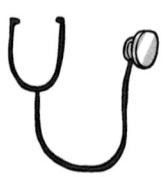

stetoskop

اسٹیتھواسکوپ

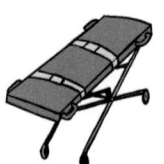

båre

اسٹریچر

termometer

مطبی تھرما میٹر

fødsel

پیدائش

overvægt

حد سےزیاده وزن

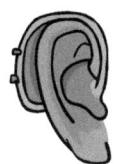

høreapparat

آلہ سماعت

desinficerende middel

جراثیم کش

infektion

انفیکشن

virus

وائرس

HIV / AIDS

ایچ آئی وی/ ایڈز

medicin

دوا

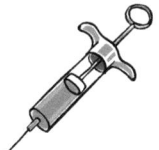

vaccination

ویکسی نیشن

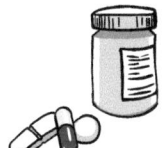

tabletter

گولیاں

pille

گولی

nødopkald

ہنگامی کال

blodtryksmåler

بلڈ پریشرمانیٹر

syg / rask

بیمار / صحتمند

nødstilfælde

ہنگامی صورتحال

Hjælp!

مدد!

alarm

الارم

overfald

مُجرمانہ حملہ

angreb

حملہ

fare

خطرہ

nødudgang

ہنگامی راستہ

Det brænder!

آگ!

ildslukker

آگ بُجھانےوالہ آلہ

uheld

حادثہ

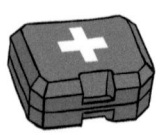

førstehjælps-kuffert

ابتدائی طبی امداد کی کٹ

SOS

ایس اوایس

politi

پولیس

Jorden

زمین

Europa

یورپ

Nordamerika

شمالی امریکه

Sydamerika

جنوبی امریکه

Afrika

افریقه

Asien

ایشیا

Australien

آسټریلیا

Atlanterhavet

بحر اوقیانوس

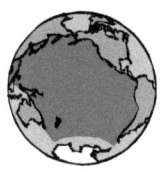

Stillehavet

بحرالکابل

Indiske Ocean

بحرہند

Sydlige Ishav

بحرقُطب جنوبی

Ishav

بحرقُطب شمالی

Nordpol

قُطب شمالی

Sydpol

قُطب جنوبی

Antarktis

انٹارکٹیکا

Jorden

زمین

land

زمین

hav

سمندر

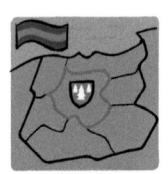

ø

جزیرہ

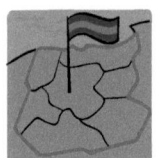

nation

قوم

stat

ریاست

ur

کلاک

urskive

کلاک کا سامنےکا حصہ

timeviser

گھنٹوں والی سوئی

minutviser

منٹوں والی سوئی

sekundviser

سیکنڈ ہینڈ

Hvad er klokken?

کیا وقت ہوا ہے؟

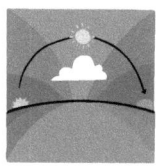

dag

دن

tid

وقت

nu

اب

digitalur

ڈیجیٹل گھڑی

minut

منٹ

time

گھنٹہ

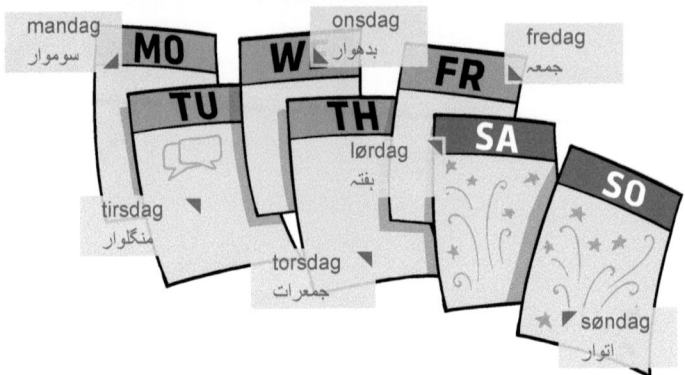

mandag
سوموار

onsdag
بدھوار

fredag
جمعہ

MO

W

FR

TU

TH

SA

SO

lørdag
ہفتہ

tirsdag
منگلوار

torsdag
جمعرات

søndag
اتوار

i går

گزرا کل

i dag

آج

i morgen

کل

morgen

صبح

middag

دوپہر

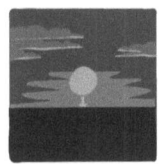

aften

شام

MO	TU	WE	TH	FR	SA	SU
1	2	3	4	5	6	7
8	9	10	11	12	13	14
15	16	17	18	19	20	21
22	23	24	25	26	27	28
29	30	31	1	2	3	4

arbejdsdage

کاروباری دن

MO	TU	WE	TH	FR	SA	SU
1	2	3	4	5	6	7
8	9	10	11	12	13	14
15	16	17	18	19	20	21
22	23	24	25	26	27	28
29	30	31	1	2	3	4

weekend

ہفتے کا اختتام

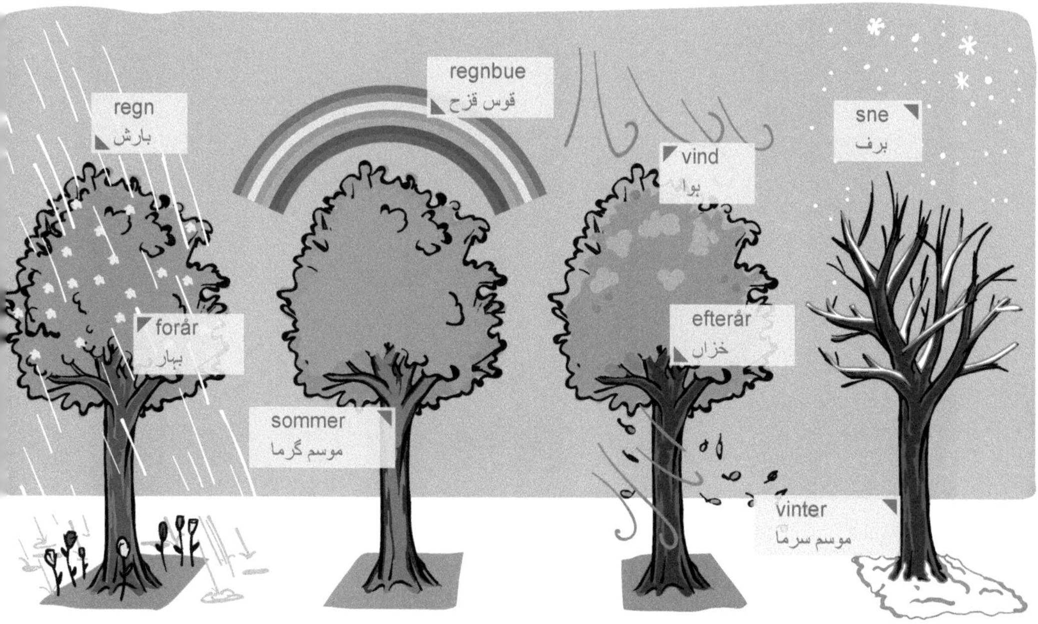

regn
بارش

regnbue
قوس قزح

sne
برف

vind
بوا

forår
بهار

efterår
خزان

sommer
موسم گرما

vinter
موسم سرما

4.APRIL	11°	☀
5.APRIL	4°	☁
6.APRIL	13°	☁
7.APRIL	8°	☀
8.APRIL	10°	☀

vejrudsigt

موسمی پیش گونی

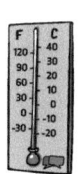

termometer

تھرما میٹر

solskin

دھوپ

sky

بادل

tåge

دُھند

luftfugtighed

حبس

lyn

بجلی کوندھنا

torden

بادلوں کی گرج

storm

طوفان

hagl

ژالہ باری

monsun

مون سون

flod

سیلاب

is

برف

januar

جنوری

februar

فروری

marts

مارچ

april

اپریل

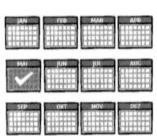

maj

مئی

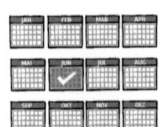

juni

جون

juli

جولائی

august

اگست

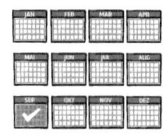

september

ستمبر

oktober

اکتوبر

november

نومبر

december

دسمبر

former

اشکال

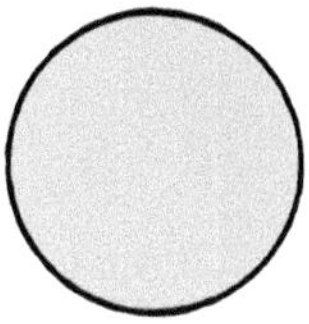

cirkel

دائره

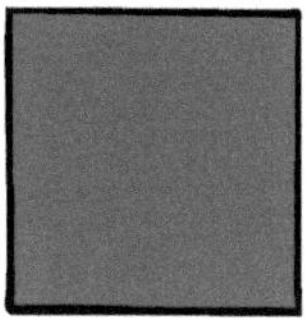

kvadrat

چوکور

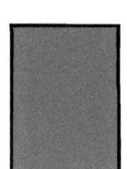

firkant

مُستطیل

trekant

تکون

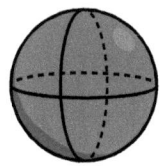

kugle

گره

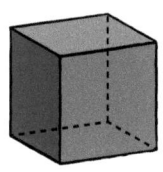

terning

مکعب

farver

رنگ

hvid

سفید

gul

پیلا

orange

نارنجی

pink

گلابی

rød

سُرخ

lilla

جامنی

blå

نیلا

grøn

سبز

brun

بھورا

grå

مٹیالا

sort

سیاہ

modsætninger
مخالف

meget / lidt

بہت زیادہ / بہت کم

rasende / fredelig

ناراض / پُرسکون

smuk / grim

خوبصورت / بدصورت

begyndelse / slut

آغاز / اختتام

stor / lille

بڑا / چھوٹا

lys / mørk

روشن / اندھیرا

bror / søster

بھائی / بہن

ren / snavset

صاف / گندا

fuldkommen / ufuldkommen

مکمل / نامکمل

dag / nat

دن / رات

død / levende

زنده / مُرده

bred / smal

چوڑا / تنگ

spiselig / uspiselig

کھانے کے قابل ہونا / کھانے کے قابل نہ ہونا

vred / venlig

بُرا / اچھا

ophidset / kedet

پُرجوش / بوریت کا شکار

tyk / tynd

موٹا / دُبلا

først / sidst

پہلا / آخری

ven / fjende

دوست / دُشمن

fuld / tom

بھرا ہوا / خالی

hård / blød

سخت / نرم

tung / let

بوجھل / ہلکا

sult / tørst

بھوک / پیاس

syg / rask

بیمار / صحتمند

illegal / legal

غیرقانونی / قانونی

intelligent / dum

عقلمند / بیوقوف

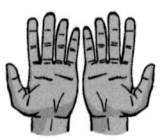

venstre / højre

بائیں / دائیں

nær / fjern

نزدیک / دور

ny / brugt

نیا / پُرانا

intet / noget

کچھ نہیں / کچھ ہے

gammel / ung

بوڑھا / نوجوان

tændt / slukket

آن / آف

åben / lukket

کُھلا / بند

stille / højt

خاموش / بُلند آواز

rig / fattig

امیر / غریب

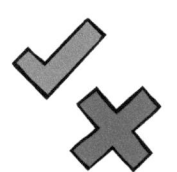

rigtig / forkert

ٹھیک / غلط

ru / glat

کھُردرا / ہموار

ked af det / lykkelig

افسرده / خوش

kort / lang

مُختصر / طویل

langsom / hurtig

آہستہ / تیز

våd / tør

گیلا / خُشک

varm / kold

گرم / ٹھنڈا

krig / fred

جنگ / امن

tal

اعداد

0	1	2
nul	en	to
صفر	ایک	دو
3	4	5
tre	fire	fem
تین	چار	پانچ
6	7	8
seks	syv	otte
چه	سات	آٹه
9	10	11
ni	ti	elleve
نو	دس	گیاره

12	13	14
tolv	tretten	fjorten
باره	تيره	چوده
15	16	17
femten	seksten	sytten
پندره	سولہ	ستره
18	19	20
atten	nitten	tyve
اٹھاره	اُنیس	بیس
100	1.000	1.000.000
hundrede	tusinde	million
سو	ہزار	دس لاکھ

sprog
زبانیں

engelsk

انگریزی

amerikansk engelsk

امریکی انگریزی

kinesisk mandarin

چینی مینڈارین

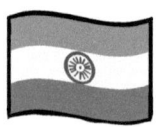

hindi

ہندی

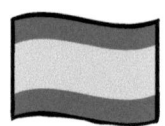

spansk

ہسپانوی

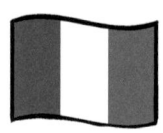

fransk

فرانسیسی

arabisk

عربی

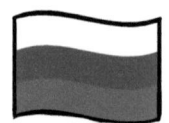

russisk

روسی

portugisisk

پُرتگالی

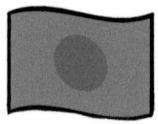

bengalsk

بنگالی

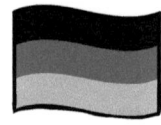

tysk

جرمن

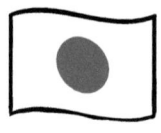

japansk

جاپانی

hvem / hvad / hvordan

کون / کیا / کیسے

jeg

میں

du

تم

han / hun / den / det

وہ (لڑکا) / وہ (لڑکی) / یہ

vi

ہم

I

تم

de

وہ

hvem?

کون؟

hvad?

کیا؟

hvordan?

کیسے؟

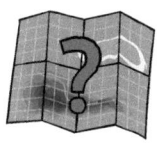

hvor?

کہاں؟

hvornår?

کب؟

navn

نام

hvor

کہاں

bag

پیچھے

i

میں

foran

کےسامنے

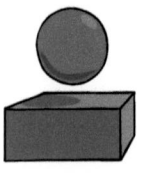

over

اوپر

på

پر

under

نیچے

ved siden af

ساته

imellem

درمیان

sted

جگه